전 공

BASIC
일본어

전공 BASIC 일본어

박용일 지음

머리말

본 교재는 일본어 관련 전공자들을 대상으로 처음 일본어를 배우기 시작하는 1학기용 교재로 개발하였다. 그러므로 교재 내용은 한 학기 동안 전공 일본어에서 다루어야 할 기본적인 일본어 어휘, 문형, 문법 사항들을 종합하였다. 특히 본 교재에서 다루고 있는 어휘들은 전공으로서의 일본어를 학습하는 학생들이 반드시 갖추어야 할 기본 어휘들로 구성하였지만, 전공이 아닌 일반 학습자들이 1학기 동안 다루기에는 조금은 부담스러운 양이 될 수 있을 것이다. 이러한 점을 감안하여 일반 학습자들은 시간을 조금 더 갖고 본 교재의 어휘들을 익혀 나간다면 무난할 것이다. 문형, 문법 사항들은 규칙의 문제들이므로 일본어 전공자들이나 일반 학습자들 모두 어려움 없이 익혀 나갈 수 있을 것이다.

본 교재는 일본어의 문자부터 시작하여 동사활용까지 총 7단원으로 구성되어 있다. Unit.1을 제외하고 다른 모든 단원은 [본문-어휘-문법-문형-Level Up-보충어휘]의 내용으로 구성되어 있다. [본문] 부분은 해당 단원에서 익혀 나가는 [어휘], [문형], [문법] 사항들이 어떻게 활용되고 있는지를 보여주고 있다. 그러므로 학습해 나아가는 수순은 [어휘]-[문형]-[문법]을 먼저 익히고 나서 마지막으로 [본문]을 보는 것이 효과적이라고 할 수 있다. 그럼에도 불구하고 본 교재에서 [본문]을 가장 먼저 보이는 이유는 각 단원을 마치고 나면 이 정도의 일본어를 활용할 수 있다는 것은 미리 보여주기 위함이다. 각 단원의 [본문]만을 보게 되면 그렇게 어렵게 느껴지지 않을 것이나, 앞서 언급한대로 [이 정도의 일본어]를 활용할 수 있다는 의미는

[본문] 내용만을 이해한다는 이야기가 아닌 [본문] 정도의 수준으로 일본어를 활용할 수 있다는 의미이다. 그렇기 때문에 학습자들은 각 단원의 [본문] 정도의 일본어를 구사하기 위해서는 각 단원의 [어휘], [문형], [문법] 사항들을 꼼꼼히 익혀나가야 할 것이다.

대학교에서 전공 관련 일본어 수업을 하게 되면 일본어 전공 학생이 아닌 타 학과에서 전공 일본어 수업을 수강하는 학생들을 심심치 않게 찾아볼 수 있다. 이들 학생들은 개인적인 사정으로 일본어를 이미 알고 있지만 전공 일본어 수업에서 조금 더 체계적으로 혹은 전공 일본어 수준 정도의 일본어 실력을 다지고자 수강하는 경우가 대부분이다. 그러므로 일본어 교재 역시 전공에서 다루는 교재와 일반 학습자들의 교재와는 변별된 내용이어야 할 것이다. 이러한 점에서 본 교재는 일본어를 전공으로 하는 학생들 혹은 전공 일본어 수준의 일본어 실력을 키우고자 하는 학습자들을 위해 집필한 한 학기용 기초 일본어 교재라고 할 수 있다.

마지막으로 본 교재 출판을 위해 수고해 주신 이아연 대리님을 비롯하여 편집해 주신 직원분들과 기꺼이 출판을 허락해 주신 한국학술정보(주) 대표님께 감사의 말씀을 올리는 바이다.

저자
박용일

목 차

Unit 1

日本語の文字と発音

1. 일본어란

일본어란 한마디로 일본에서 사용하고 있는 언어(말)를 의미한다. 그렇다면 일본에서는 어떠한 문자를 사용하고 있으며 어떻게 소리 내서 말을 하고 있을까?

(1) 일본어 문자

종류	모양
히라가나	ひらがな、わたし、にほんご
가타카나	カタカナ、ワタシ、ニホンゴ
한자	漢字、私、日本語
영어(알파벳)	A, B, C, D, a, b, c, d

(2) 문자 쓰기

1) 히라가나 쓰기

● あ행

- か행

- さ행

- た행

- な행

- は행

- ま행

- や행

- ら행

- わ행

- n

2) 가타카나 쓰기

• ア행

• カ행

• サ행

• タ행

- ナ행

- ハ행

- マ행

- ヤ행

- ラ행

● ワ행

● n

(3) 일본어 발음의 종류

1) 청음 (せいおん；清音)
2) 탁음 (だくおん；濁音)
3) 반탁음 (はんだくおん；半濁音)
4) 요음 (ようおん；拗音)
5) 촉음 (そくおん；促音)
6) 발음 (はつおん；撥音)
7) 장음 (ちょうおん；長音)
8) 악센트 (アクセント)
9) 기타 (その他)

2. 일본어 문자와 발음 익히기

(1) 청음

표1. 히라가나 오십음도(五十音図)

あ	か	さ	た	な	は	ま	や	ら	わ	ん
a	ka	sa	ta	na	ha	ma	ya	ra	wa	n
い	き	し	ち	に	ひ	み		り		
i	ki	si/shi	ti/chi	ni	hi	mi		ri		
う	く	す	つ	ぬ	ふ	む	ゆ	る		
u	ku	su	tu/tsu	nu	hu	mu	yu	ru		
え	け	せ	て	ね	へ	め		れ		
e	ke	se	te	ne	he	me		re		
お	こ	そ	と	の	ほ	も	よ	ろ	を	
o	ko	so	to	no	ho	mo	yo	ro	wo	

　히라가나 오십음도를 읽을 때는 위에서 아래로, 왼쪽에서 오른쪽으로 읽어 내려간다. 위에서 아래로 읽는 줄을 각각 "あ행, か행, さ행, た행, な행, は행, ま행, や행, ら행, わ행"이라고 말하고, 왼쪽에서 오른쪽 방향의 줄을 각각 "あ단, い단, う단, え단, お단"이라고 말한다.

표2. 가타카나 오십음도(五十音図)

ア	カ	サ	タ	ナ	ハ	マ	ヤ	ラ	ワ	ン
a	ka	sa	ta	na	ha	ma	ya	ra	wa	n
イ	キ	シ	チ	ニ	ヒ	ミ		リ		
i	ki	si/shi	ti/chi	ni	hi	mi		ri		
ウ	ク	ス	ツ	ヌ	フ	ム	ユ	ル		
u	ku	su	tu/tsu	nu	hu	mu	yu	ru		
エ	ケ	セ	テ	ネ	ヘ	メ		レ		
e	ke	se	te	ne	he	me		re		
オ	コ	ソ	ト	ノ	ホ	モ	ヨ	ロ	ヲ	
o	ko	so	to	no	ho	mo	yo	ro	wo	

가타카나는 주로 다음 2가지 상황에서 사용된다.

외래어를 나타낼 때	サッカー, スーパー, シャツ, バイク, コーヒー, オレンジ
의성어 · 의태어를 나타낼 때	ザブッ, タラタラ, トントン, ワンワン, ペラペラ, ポリポリ

(2) 탁음 (だくおん;濁音)

일본어의 탁음은 소리를 낼 때 성대를 진동시켜 내는 소리이다. 가나 가운데 "か"행, "さ"행, "た"행 "は"행의 4개 행에 대해서만 탁음 소리를 낸다. 표기는 문자 오른쪽 상단에 탁점(")을 붙여 나타낸다.

が행	が	ぎ	ぐ	げ	ご
	ga	gi	gu	ge	go
ざ행	ざ	じ	ず	ぜ	ぞ
	za	ji	zu	ze	zo
だ행	だ	ぢ	づ	で	ど
	da	ji	zu	de	do
ば행	ば	び	ぶ	べ	ぼ
	ba	bi	bu	be	bo

(3) 반탁음 (はんだくおん ; 半濁音)

반탁음은 탁음과 마찬가지로 성대를 진동시켜 내는 소리이다.
"は"행에 대해서만 반탁음 소리를 낸다. 표기는 문자 오른쪽 상단에
반탁점(°)을 붙여 나타낸다.

ぱ행	ぱ	ぴ	ぷ	ぺ	ぽ
	pa	pi	pu	pe	po

(4) 요음 (ようおん ; 拗音)

"や"행의 "や, ゆ, よ"를 1/2 크기로 나타내는 소리이다. 표기도
1/2 크기로 나타내며, "い"단인 "き, し, ち, に, ひ, み, り"와 탁음의
"い"단인 "ぎ, じ, び" 그리고 반탁음인 "ぴ" 뒤에 나타난다.

や	きゃ	しゃ	ちゃ	にゃ	ひゃ	みゃ	りゃ
	kya	sya	cha	nya	hya	mya	rya
ゆ	きゅ	しゅ	ちゅ	にゅ	ひゅ	みゅ	りゅ
	kyu	syu	chu	nyu	hyu	myu	ryu
よ	きょ	しょ	ちょ	にょ	ひょ	みょ	りょ
	kyo	syo	cho	nyo	hyo	myo	ryo

や	ぎゃ	じゃ	びゃ	ぴゃ
	gya	ja	bya	pya
ゆ	ぎゅ	じゅ	びゅ	ぴゅ
	gyu	ju	byu	pyu
よ	ぎょ	じょ	びょ	ぴょ
	gyo	jo	byo	pyo

(5) 촉음 (そくおん ; 促音)

"つ"를 1/2 크기로 나타내고, 한국어 받침 발음 가운데 "ㄱ(k)", "ㅅ(s)", "ㄷ(t)", "ㅂ(p)"의 4가지 소리를 나타낸다. 4가지 받침소리가 나타나는 발음규칙은 다음과 같다.

① "か"행 앞에 촉음(つ)이 오면 "ㄱ(k)" 받침으로 발음한다.

よっか	いっき	くっく	ほっけ	まっか
yokka	ikki	kukku	hokke	makka

② "さ"행 앞에 촉음(っ)이 오면 "ㅅ(s)" 받침으로 발음한다.

きっさ	ざっし	ひっす	いっせ	いっそ
kitssa	zassi	hissu	isse	isso

③ "た"행 앞에 촉음(っ)이 오면 "ㄷ(t)" 받침으로 발음한다.

いった	てっち	みっつ	きって	やっと
itta	tetti	mittu	kitte	yatto

④ "ぱ"행 앞에 촉음(っ)이 오면 "ㅂ(p)" 받침으로 발음한다.

かっぱ	だっぴ	しっぷ	ほっぺ	いっぽ
kappa	dappi	sippu	hoppe	ippo

(6) 발음 (はつおん ; 撥音)

"ん"으로 나타내고, 한국어 받침 발음 가운데 "ㅁ(m)", "ㄴ(n)", "ㅇ(ng)", "비음(N)"의 4가지 소리를 나타낸다. 4가지 받침소리가 나타나는 발음규칙은 다음과 같다.

① "ま, ば, ぱ"행 앞에 발음(ん)이 오면 "ㅁ(m)" 받침으로 발음한다.

きんま	かんば	こんぱ
kimma	kamma	kompa

② "さ, ざ, た, だ, な, ら"행 앞에 발음(ん)이 오면 "ㄴ(n)" 받침
으로 발음 한다.

けんさ	にんざ	あんた	やんだ	おんな	なんら
kensa	ninza	anta	yanda	onna	nanra

③ "か, が"행 앞에 발음(ん)이 오면 "ㅇ(ng)" 받침으로 발음한다.

たんか	はんが
tangka	hangga

④ 뒤에 아무 음도 오지 않거나, 모음 혹은 반모음 앞에 발음(ん)
이 오면 "비음(N)" 받침으로 발음한다.

うん	かんわ
uN	kaNwa

(7) 장음 (ちょうおん ; 長音)

모음 발음 "a, i, u, e, o"가 각각 겹쳐서 나타나는 경우, "e"와 "i"
가 겹쳐서 나타나는 경우, "o"와 "u"가 겹쳐서 나타나는 경우는 뒤
에 나타나는 모음 소리를 내지 않으며, 앞에 나오는 모음 소리를 한
박자 길게 발음한다.

a + a → a:	おかあさん(okaasaN) → おかーさん(oka:saN)
i + i → i:	おじいさん(oziisaN) → おじーさん(ozi:saN)

u + u → u:	すうがく(suugaku) → すーがく(su:gaku)
e + e → e:	おねえさん(oneesaN) → おねーさん(one:saN)
o + o → o:	とお(too) → とー(to:)
e + i → e:	えいご(eigo) → えーご(e:go)
o + u → o:	おとうさん(otousaN) → おとーさん(oto:saN)

(8) 악센트 (アクセント)

일본어는 발음할 때 높낮이가 있는 고저악센트이다. 일본어의 경우 동일한 문자라도 발음의 높낮이 위치에 따라서 그 의미가 달라지는 경우가 있다.

あめ(ame)	あめ(비)	あめ(사탕)
かき(kaki)	かき(굴)	かき(감)
はし(hasi)	はし(젓가락)	はし(다리)
ふる(huru)	ふる(내리다)	ふる(흔들다)

TIP

한국어는 발음할 때 높낮이가 없는 평판악센트이다.

(9) 기타

1) 조사 "は", "へ"

가나 "は(ha)"와 "へ(he)"는 조사로 사용될 때가 있다. "は(ha)"와 "へ(he)"가 조사로 사용될 경우 각각의 발음은 "は(wa)"와 "へ(e)"로 바꿔 소리 내야 한다.

は	は<u>い</u>(예) → <u>hai</u>	あなた<u>は</u>(당신은) → anatawa
へ	<u>へ</u>び(뱀) → <u>he</u>bi	みせ<u>へ</u>(가게에) → misee

TIP

"は"와 "へ"가 조사로 사용될 때 대응하는 한국어는 각각 "은/는"과 "에/로"이다.
"を"는 한국어 조사 "을/를"로만 대응하여 나타난다.

2) 한자

일본어에서는 일본식 한자를 사용한다.

나라 국	한국의 한자 → 國	일본식 한자 → 国
배울 학	한국의 한자 → 學	일본식 한자 → 学

일본어의 한자 읽는 방법은 소리로 읽는 "음독(音読み)"과 뜻으로
읽는 "훈독(訓読み)"이 있다.

国	음독 → こく	ここは韓国(かん<u>こく</u>)です. 여기는 한국입니다.
	훈독 → くに	わたしの国(<u>くに</u>)です. 저의 나라입니다.

Unit 2

はじめまして

パク： 初めまして。私はパクです。

山田： 初めまして。山田です。

パク： どうぞよろしくお願いします。

山田： こちらこそ、どうぞよろしくお願いします。

パク： 山田さんは日本人ですか。

山田： はい、私は日本人の留学生です。今大学の三年生です。

　　　 パクさんも三年生ですか。

パク： いいえ、私は三年生ではありません。一年生です。

山田： あ、そうですか。パクさんの専攻は何ですか。

パク： 私の専攻は日本学です。山田さんの専門は。

山田： 私の専門はフランス語です。

キム： 山田さん、こんにちは。

山田： こんにちは。キムさん、こちらはパクさんです。日本学科

　　　 の新入生です。

パク： 初めまして。パクと申します。

キム： 初めまして。私はパクさんの後輩のキムと申します。

パク： どうぞよろしくお願いします。

キム： こちらこそ、よろしくお願いします。

《〈語彙(ごい)〉》

山田(やまだ) 일본인 성씨	専攻(せんこう) 전공	専門(せんもん) 전공
パク、キム 박, 김	何(なん、なに) 무엇	~と申(もう)します ~라고 합니다
~さん ~씨	日本学(にほんがく) 일본학	大学(だいがく) 대학교
どうぞ 부디, 아무쪼록	フランス語(ご) 프랑스어	~は ~은/는
~です ~입니다	よろしく 부탁해	初(はじ)めまして 처음 뵙겠습니다
~ですか ~입니까	~年生 ~학년	お願(ねが)いします 부탁드립니다
こちらこそ 저야말로	はい / いいえ 네 / 아니요	~ではありません ~이 아닙니다
三(さん) 삼	一(いち) 일	日本学科(にほんがっか) 일본학과
こちら 이 쪽	そうですか 그렇습니까	日本人(にほんじん) 일본인
後輩(こうはい) 후배	留学生(りゅうがくせい) 유학생	新入生(しんにゅうせい) 신입생

1. 문법 이해하기

(1) 긍정문 : A은/는 B입니다.

A[명사] は B[명사] です。

① 私は大学生です。
② 彼は韓国人です。

(2) 부정문 : A은/는 B가 아닙니다.

A[명사] は B[명사]では(じゃ)ありません。
※じゃ는 では의 축약형, 회화체

① 私は大学生ではありません。
② 彼は韓国人ではありません。

(3) 의문문 : A은/는 B입니까?

A[명사] は B[명사] ですか。
- はい、そうです。(긍정)
- いいえ、そうではありません。(부정)

① A: あなたは大学生ですか。

　　B: はい、そうです。

② A: 彼は韓国人ですか。

　　B: いいえ、そうではありません。日本人です。

(4) 일본어의 조사

1) ～は／～が／～も

"～は"와 "～が"는 주어를 나타내는 조사로 일본어"～は"는 한국어의 "～은/는", "～が"는 한국어의 "～이/～가"에 해당된다. 한편 "～も"는 한국어의 "～도"에 대응되는 조사로 앞에 나온 사항과 동일함을 나타낸다.

[명사]は／[명사]が／[명사]も [서술어].

---

① 私は大学生です。
② 彼が英語の先生です。
③ 彼女も英語の先生です。

2) の

일본에서는 명사와 명사를 "の"로 연결시킨다. 이때의 일본어 "の"는 주로 한국어 "-의", "φ", "-인" 표현과 대응하여 나타난다.

[명사] の [명사]

---

① 彼はパクさんの友達です。
② 私は中国人の留学生です。
③ こちらは後輩の田中です。

3) と

일본어의 "と" 역시 명사와 명사를 연결시키는 조사 중의 하나이다. 한국어의 "-와/-과"에 해당한다.

[명사] と [명사]

---

① 私と妹の専門は日本語です。
② 私と弟の趣味はサッカーです。
③ 彼と彼の友達はメリカ人の留学生です。

2. 문형 익히기

(1) ~は~です。

　① 父は会社員です。
　② 私と彼女は高校生です。
　③ 私は日本語の先生です。

(2) ~は~ではありません

　① 私は医者ではありません。
　② 彼は高校の先生ではありません。
　③ 彼女は日本学科の学生ではありません。

(3) ~は~ですか。

　① A:あなたは大学の先生ですか。
　　 B:はい、そうです。
　② A:彼女も大学の先生ですか。
　　 B:いいえ、そうではありません。彼女は高校の先生です。
　③ A:彼の弟は中学生ですか。
　　 B:はい、そうです。中学の3年生です。

〈〈語彙〉〉

あなた 당신(2인칭)	彼(かれ) 그	彼女(かのじょ) 그녀
韓国人(かんこくじん) 한국인	アメリカ人(じん) 미국인	中国語(ちゅうごくご) 중국어
韓国語(かんこくご) 한국어	英語(えいご) 영어	大学生(だいがくせい) 대학생
中学生(ちゅうがくせい) 중학생	高校生(こうこうせい) 고등학생	先生(せんせい) 선생님
学生(がくせい) 학생	会社員(かいしゃいん) 회사원	友達(ともだち) 친구
学校(がっこう) 학교	医者(いしゃ) 의사	弟(おとうと) 남동생
父(ちち) 아버지	母(はは) 어머니	妹(いもうと) 여동생
趣味(しゅみ) 취미	サッカー 축구	ゴルフ 골프

 Level up

◆ 자기소개

처음 뵙겠습니다.
저는 ○○대학교의 ○○○라고 합니다. / 저는 ○○에 다니는
○○○라고 합니다.
제 전공은 ○○입니다.
잘 부탁드리겠습니다.

初めまして。
私は○○大学の○○○と申します。 / 私は○○の○○○と申します。
私の専攻は○○です。 / 私の専門は○○です。
どうぞよろしくお願いします。

◆ 여러 가지 인사표현

- 만났을 때 인사
おはようございます。 / おはよう。 (오전인사)
こんにちは。 (오후인사)
こんばんは。 (저녁인사)

- 헤어질 때 인사

  さよ(う)なら。

  それでは。 / それじゃ。 / では。 / じゃ。

  じゃ(あ)ね。 / バイバイ。 / またね。

- 기타

  どうも有難うございます。 / 有難う。 고맙습니다. 고마워.

  頂きます。 잘 먹겠습니다.

  ご馳走さまでした。 잘 먹었습니다.

  行ってきます。 다녀오겠습니다.

  いっていらっしゃい。 다녀오세요.

  只今。 다녀왔습니다.

  お帰りなさい。 / おかえり。 다녀오셨어요. 잘 다녀왔니.

  お疲れ様でした。 수고하셨습니다.

  ご苦労様でした。 수고하셨습니다.

◆ 연습문제

1. 주어진 단어를 이용하여 일본어 문장을 완성하시오.

    <보기> [私, 日本人]
          → 私は日本人です。
          → 私は日本人では(じゃ)ありません。

    ① [妹, 大学生]
        → _____
        → _____

    ② [私, 高校生]
        → _____
        → _____

    ③ [父と母, 医者]
        → _____
        → _____

    ④ [彼, 英語の先生]
        → _____
        → _____

2. 다음 보기와 같이 일본어 문장을 만들어 보시오.

    <보기> あなたは大学の四年生ですか。
          → はい、そうです。大学の四年生です。
          → いいえ、大学の四年生ではありません。三年生
            です。 (三年生)

① あなたは日本人ですか。

   →はい、_____

   →いいえ、_____ (韓国人)

② 彼の専攻は中国語ですか。

   →はい、_____

   →いいえ、_____ (英語)

③ 彼はあなたの友達ですか。

   →はい、_____

   →いいえ、_____ (弟)

④ あなたの趣味はサッカーですか。

   →はい、_____

   →いいえ、_____ (ゴルフ)

3. 다음을 일본어로 작문하시오.

① 저는 ○○대학교 1학년 ○○○라고 합니다.

   → _____

② 당신은 일본어 선생님입니까?

   → _____

③ 그는 대학교 후배입니다.

   → _____

④ 당신이 영어 선생님인 박씨입니까?

   → _____

〈〈보충 어휘〉〉

学科(がっか)	학과
フランス学科(がっか)	프랑스학과
中国学科(ちゅうごくがっか)	중국학과
文化人類学科(ぶんかじんるいがっか)	문화인류학과
韓国言語文学科(かんこくげんごぶんがくか)	한국언어문학과
文化(ぶんか)コンテンツ学科(がっか)	문화콘텐츠학과
英米言語文化学科(えいべいげんごぶんかがっか)	영미언어문화학과
ドイツ語文学科(ごぶんがくか)	독어독문학과
国語国文学科(こくごこくぶんがくか)	국어국문학과
新聞放送学科(しんぶんほうそうがっか)	신문방송학과
建築学部(けんちくがくぶ)	건축학부
電子工学部(でんしこうがくぶ)	전자공학부
機械工学部(きかいこうがくぶ)	기계공학부
物理学科(ぶつりがっか)	물리학과
数学科(すうがくか)	수학과
ロボット工学科(こうがっか)	로봇공학과
建設環境工学科(けんせつかんきょうこうがっか)	건설환경공학과
ソフトウェア学部(がくぶ)	소프트웨어학부
コンピューター専攻(せんこう)	컴퓨터전공
薬学科(やくがっか)	약학과
分子生命化学科(ぶんしせいめいかがくか)	분자생명화학과
観光学部(かんこうがくぶ)	관광학부
情報社会学科(じょうほうしゃかいがっか)	정보사회학과
会計税務学科(かいけいぜいむがっか)	회계세무학과
哲学科(てつがくか)	철학과
行政学科(ぎょうせいがっか)	행정학과
教育学科(きょういくがっか)	교육학과
体育学科(たいいくがっか)	체육학과

スポーツ科学部(かがくぶ)	스포츠과학부
経済学部(けいざいがくぶ)	경제학부
経営学部(けいえいがくぶ)	경영학부
歴史学科(れきしがっか)	역사학과
医学部(いがくぶ)	의학부
実用音楽学科(じつようおんがくがっか)	실용음악학과
融合工学科(ゆうごうこうがっか)	융합공학과
材料化学工学科(ざいりょうかがくこうがっか)	재료화학공학과
海洋融合工学科(かいようゆうごうこうがっか)	해양융합공학과
教養(きょうよう)	교양

Unit 3

これは何ですか

客　：これは何ですか。

店員：それですか。

　　　それは鉛筆です。

客　：それは一本おいくらですか。

店員：これは800ウォンです。

客　：その隣のボールペンはおいくらですか。

店員：こちらは1,500ウォンですね。これは日本のです。

客　：そうですか。

　　　あの本は一冊おいくらですか。

店員：あれは日本語のテキストで、8,000ウォンです。

客　：この葉書はおいくらですか。

店員：これは一枚600ウォンです。

パク：木村さん、その本は誰のですか。

木村：これですか。

　　　これはキムさんのです。

パク：それは英語の本ですか。

木村：いいえ、これは英語の本ではありません。フランス語の辞
　　　書です。

パク：そのノートパソコンは誰のですか。

木村： これは私のです。

パク： それはおいくらですか。

木村： これは14万円です。

〈〈語彙〉〉

客(きゃく) 손님	店員(てんいん) 점원	木村(きむら) 기무라(일본인 성씨)
鉛筆(えんぴつ) 연필	ボールペン 볼펜	葉書(はがき) 엽서
これ 이것	それ 그것	あれ 저것
~本(ほん) ~자루	~冊(さつ) ~권	~枚(まい) ~장
お~ 미화어 접두사	いくら 얼마	おいくらですか 얼마입니까
本(ほん) 책	辞書(じしょ) 사전	隣(となり) 옆, 이웃
ノートパソコン 노트북	円(えん) 엔(일본 화폐 단위)	ウォン 원(한국 화폐 단위)
テキスト 교재	~の ~의 것	誰(だれ) 누구

1. 문법 이해하기

(1) 지시대명사

사람이나 물건을 이름 대신 가리키는 말을 "지시사"라고 하며 일본어로 "こ·そ·あ·ど"로 나타낸다.

지시대명사				
	こ 이	そ 그	あ 저	ど 어느
사물지시	これ 이것	それ 그것	あれ 저것	どれ 어느 것
장소지시	ここ 여기	そこ 거기	あそこ 저기	どこ 어디
방향지시	こちら 이 쪽	そちら 그 쪽	あちら 저 쪽	どちら 어느 쪽
지시형용사1	この+명사 이-	その+명사 그-	あの+명사 저-	どの+명사 어느-
지시형용사2	こんな+명사 이런	そんな+명사 그런	あんな+명사 저런	どんな+명사 어떤
지시부사	こう 이렇게	そう 그렇게	ああ 저렇게	どう 어떻게

(2) 인칭대명사

지시사는 위와 같은 지시대명사 외에 아래의 표에서 보는 바와 같이 사람을 가리킬 때 사용하는 "인칭대명사"가 있다.

인칭대명사	
1인칭	私(わたし, わたくし) / 僕(ぼく[남성])
2인칭	あなた
3인칭	彼(かれ) / 彼女(かのじょ)

TIP

특정한 사람을 지칭하지 못할 경우에는 다음과 같은 "의문대명사"를 사용하며 여기에는 다음과 같이 보통형과 정중형이 있다.

누구	어느 분(존칭형)
誰(だれ)	どなた

① あの人は誰ですか。

② クラスの担任の先生はどなたですか。

(3) 수 세기

零 (0)	十	百	千	一万
れい√ ゼロ	じゅう	ひゃく	せん	いちまん
一	二十	二百	二千	十万
いち	にじゅう	にひゃく	にせん	じゅうまん
二	三十	三百	三千	百万
に	さんじゅう	さんびゃく	さんぜん	ひゃくまん
三	四十	四百	四千	一千万
さん	よんじゅう	よんひゃく	よんせん	いっせんまん
四	五十	五百	五千	一億
よん/し/よ	ごじゅう	ごひゃく	ごせん	いちおく
五	六十	六百	六千	
ご	ろくじゅう	ろっぴゃく	ろくせん	
六	七十	七百	七千	
ろく	ななじゅう	ななひゃく	ななせん	
七	八十	八百	八千	
しち/なな	はちじゅう	はっぴゃく	はっせん	
八	九十	九百	九千	
はち	きゅうじゅう	きゅうひゃく	きゅうせん	
九	百	千	一万	
きゅう/く	ひゃく	せん	いちまん	

(4) ~**の** : ~의 것

"の"의 여러 용법 중에는 명사와 명사를 연결하는 용법 외에 "~の もの(~의 것)"으로 소유를 나타내는 용법이 있다.

① このかばんは姉のです。
② この辞書は誰のですか。

(5) 文과 文의 연결 : ~で(~이고)

これは鉛筆です。あれはノートです。
→これは鉛筆で、あれはノートです。

---

① 彼は私の友達です。彼は教師です。
　　→ 彼は私の友達で、教師です。
② これはドイツ語のテキストです。これは兄のです。
　　→ これはドイツ語のテキストで、兄のです。

2. 문형 익히기

(1) A: [지시대명사]は~ですか。

B: [지시대명사]は~です。

① A: これは机ですか。

B: はい、それは机です。

② A: それは何ですか。

B: これは先輩の本です。

③ A: あの人はイギリス人ですか。

B: はい、あの人はイギリス人です。

(2) ~のです／~ですか

① このパソコンは父のです。

② そのノートは友達のです。

③ A: このコップは誰のですか。

B: そのコップは先生のです。

(3) ~は~で、~は~です。

① A:ここは本屋です。あそこはスーパーです。

→ここは本屋で、あそこはスーパーです。

② A:これは帽子です。これは中国人の友達のです。

　　　→これは帽子で、中国人の友達のです。

③ A:このりんごは100円です。あのいちごは300円です。

　　　→このりんごは100円で、あのいちごは300円です。

〈〈語彙〉〉

僕(ぼく) 나(1인칭 남성)	誰(だれ) 누구	物(もの) 물건, ~것
方(かた) 분	どなた 어느 분	クラス 반
担任(たんにん) 담임	教師(きょうし) 교사	看護師(かんごし) 간호사
姉(あね) 언니/누나	人(ひと) 사람	ドイツ語(ご) 독일어
兄(あに) 오빠/형	ノート 공책	かばん 가방
先輩(せんぱい) 선배	イギリス人(じん) 영국인	中国人(ちゅうごくじん) 중국인
机(つくえ) 책상	パソコン 컴퓨터	コップ 컵
りんご 사과	いちご 딸기	帽子(ぼうし) 모자
本屋(ほんや) 서점	スーパー 슈퍼마켓	チケット 표, 티켓

Level up

◆ 고유어로 세기

하나	둘	셋	넷	다섯	
一つ	二つ	三つ	四つ	五つ	
ひとつ	ふたつ	みっつ	よっつ	いつつ	
여섯	일곱	여덟	아홉	열	몇
六つ	七つ	八つ	九つ	十	幾つ
むっつ	ななつ	やっつ	ここのつ	とお	いくつ

◆조수사 1

① ～ 本(ほん):

연필, 병, 꽃 등 가늘고 긴 막대모양의 것을 세는 단위; ~자루,
~병, ~송이

一本	二本	三本	四本	五本	六本
いっぽん	にほん	さんぼん	よんほん	ごほん	ろっぽん
七本	八本	九本	十本	十一本	何本
ななほん	はっぽん	きゅうほん	じゅっぽん	じゅういっぽん	なんぼん

② ～ 冊(さつ): 책 세는 단위; ～ 권

一冊	二冊	三冊	四冊	五冊	六冊
いっさつ	にさつ	さんさつ	よんさつ	ごさつ	ろくさつ
七冊	八冊	九冊	十冊	十一冊	何冊
ななさつ	はっさつ	きゅうさつ	じゅっさつ	じゅういっさつ	なんさつ

③ ～ 枚(まい): 종이 세는 단위; ～ 장

一枚	二枚	三枚	四枚	五枚	六枚
いちまい	にまい	さんまい	よんまい	ごまい	ろくまい
七枚	八枚	九枚	十枚	十一枚	何枚
ななまい	はちまい	きゅうまい	じゅうまい	じゅういちまい	なんまい

◆ 연습문제

1. 다음의 수(조수사 포함)를 히라가나로 읽으시오.

① 19　　（　　　　　　　　　　　　　　）
② 320　　（　　　　　　　　　　　　　　）
③ 8,610　（　　　　　　　　　　　　　　）
④ 1,008冊（　　　　　　　　　　　　　　）
⑤ 18本　（　　　　　　　　　　　　　　）
⑥ 650本　（　　　　　　　　　　　　　　）

2. 주어진 단어를 이용하여 일본어 문장을 완성하시오.

<보기> これは何ですか。

　　　　→ それは鉛筆で、私のです。(鉛筆、私)

① それは何ですか。

　　→ ＿＿＿＿＿＿＿＿＿＿＿＿＿＿＿＿＿＿ (帽子, 妹)

② これは何ですか。

　　→ ＿＿＿＿＿＿＿＿＿＿＿＿＿＿＿＿ (パソコン, 兄)

③ あれは何ですか。

　　→ ＿＿＿＿＿＿＿＿＿＿＿＿＿＿＿＿＿ (机, 姉)

④ それは何ですか。

　　→ ＿＿＿＿＿＿＿＿＿＿＿＿＿＿＿＿ (ノート, 私)

3. 다음 보기와 같이 괄호 안의 단어를 이용하여 질문에 대한 답을 완성하시오.

<보기> A: この鉛筆はおいくらですか。

B: その鉛筆は一本800ウォンです。(1本、800ウォン)

① A: そのチケットはおいくらですか。

B: _____ (1 枚, 3,000円)

② A: あのバラの花はおいくらですか。

B: _____ (1本, 300円)

③ A: この英語の本はおいくらですか。

B: _____ (1冊, 300円)

④ A: このりんごはおいくらですか。

B: _____ (ひとつ、6,000ウォン)

4. 다음을 일본어로 작문하시오.

① 이 책은 한 권에 800엔입니다.

→ _____

② 일본어 선생님은 어느 분이십니까?

→ _____

③ 이 연필은 누구 것입니까?

→ _____

④ 이 공책은 제 것이고, 저 공책은 오빠 것입니다.

→ _____

<<보충 어휘>>

職業(しょくぎょう)	직업
医者(いしゃ)	의사
会社員(かいしゃいん)	회사원
教師(きょうし)	교사
看護師(かんごし)	간호사
軍人(ぐんじん)	군인
プログラマー	프로그래머
デザイナー	디자이너
モデル	모델
アナウンサー	아나운서
弁護士(べんごし)	변호사
公務員(こうむいん)	공무원
運転手(うんてんしゅ)	운전수
消防士(しょうぼうし)	소방관
調理師(ちょうりし)	조리사
監督(かんとく)	감독
芸能人(げいのうじん)	연예인
駅員(えきいん)	역무원
画家(がか)	화가
作家(さっか)	음악가
教授(きょうじゅ)	교수
外交官(がいこうかん)	외교관
建築家(けんちくか)	건축가
政治家(せいじか)	정치가
銀行員(ぎんこういん)	은행원
警察(けいさつ)	경찰

Unit 4

教室に誰がいますか

キム： 上野さんの部屋の中には何がありますか。

上野： ベッドや机などがあります。

キム： 机の上には何がありますか。

上野： 机の上にはパソコンと花瓶があります。

花瓶の中にはバラが一本あります。

キム： 本棚もありますか。

上野： ええ、本棚は机の横に二つあります。

キム： 本棚にはどんな本がありますか。

上野： 専門書やマンガなどがあります。

キム： 机の引き出しの中には何かありますか。

上野： いいえ、引き出しの中には何もありません。

パク： 山田さんのご家族は何人ですか。

山田： 父と母、そして妹が一人います。

パク： じゃ、四人家族ですね。

ペットはいますか。

山田： はい、ねこが一匹います。

パク： ねこはどこにいますか。

山田： リビングのテーブルの下にいます。

パク： 妹さんは今学校にいますか。

山田： はい、妹は今学校です。

パク： 隣の部屋には誰かいますか。

山田： いいえ、誰もいません。

〈〈語彙〉〉

上野(うえの) 일본인 성씨	部屋(へや) 방	ベッド 침대
あります 있습니다	ありません 없습니다	~に ~에(장소)
机(つくえ) 책상	上(うえ) 위	横(よこ) 옆
下(した) 아래	中(なか) 안, 속	隣(となり) 옆, 이웃
花瓶(かびん) 꽃병	バラ 장미	本棚(ほんだな) 책장
専門書(せんもんしょ) 전문서	マンガ 만화	引(ひ)き出(だ)し 서랍
家族(かぞく) 가족	四人(よにん) 네 명	ねこ 고양이
リビング 거실	テーブル 테이블	学校(がっこう) 학교
います 있습니다	いません 없습니다	

1. 문법 이해하기

(1) 일본어의 존재동사 "ある"와 "いる"

사람이나 사물의 존재를 나타내는 동사를 존재동사라고 한다. 한국어는 "있다"에 해당이 되며 일본어로는 "ある"와 "いる"의 두 가지 동사로 대응이 된다. 존재하는 대상이 사물이나 식물과 같이 "의지를 가지고 움직일 수 없는 존재"의 경우는 "ある", 동물이나 사람과 같이 "의지를 가지고 움직일 수 있는 존재"의 경우는 "いる"를 사용한다.

<기본형 ある(있다)>	사물	部屋に椅子があります。 部屋に椅子がありません。
あります(있습니다) ありません(없습니다)	식물	公園には木があります。 公園には木がありません。
<기본형 いる(있다)>	동물	動物園にパンダがいます。 動物園にパンダがいません。
います(있습니다) いません(없습니다)	사람	お店にお客さんがいます。 お店にお客さんがいません。

1) [장소] に [사물 · 식물]があります/ ありません

① 机に本があります。 / 机に本がありません。
② 庭に花があります。 / 庭に花がありません。

2) [장소] に [사람·동물]がいます／いません

① 教室に学生がいます。 / 教室に学生がいません。
② 部屋にねこがいます。 / 部屋にねこがいません。

(2) 의문사 "何が"와 "何か"

일본어의 조사 "が"와 "か"는 형태는 비슷해 보이나 의미와 용법
이 전혀 다른 조사이다. "が"는 "주어"를 나타내는 조사이며, "か"는
"의문"을 나타내는 의문조사이다. 특히 이들이 誰나 何와 같은 의문
사와 함께 쓰일 경우는 질문의 취지가 전혀 달라지므로 사용할 때
주의할 필요가 있다.

	의문사 + か

존재 '여부'에
대한 질문
	A: 部屋に何かありますか。
	B: はい、あります。
	  いいえ、何もありません。
	
	A: 部屋に誰かいますか。
	B: はい、います。
	  いいえ、誰もいません。

	의문사 + が
존재의 '대상'에 대한 질문	A: 部屋に何がありますか。 B: 部屋には机があります。 A: 部屋に誰がいますか。 B: 部屋には妹がいます。

위에서 보는 바와 같이 "의문사+が" 의문문에서는 존재하는 "대
상"이 "무엇"이고 "누구"인지가 초점이므로 그에 대한 대답으로서

각각에 해당하는 "명사"를 사용하여 "机"나 "妹"로 대답한다. 한편 "의문사+か"를 사용하여 대상의 "존재여부"를 묻는 의문문에 대해서는 "はい"나 "いいえ"형식의 대답이 먼저 출현하는 차이를 보인다.

(3) 열거의 조사 "と"와 "や"

"と"와 "や"는 모두 어떠한 사물을 열거할 때 사용되는 조사라는 점에서 공통되지만 용법상에 약간의 차이가 있다. "と"는 열거대상을 명확히 한정시켜 열거하는 조사인 데 대해 "や"는 뒤에 주로 "など(~등)"를 동반하여 여러 대상 가운데 몇 가지를 선택하여 열거하는 경우 사용되는 조사이다.

① 教室には机と椅子があります。
② 教室には机や椅子などがあります。

2. 문형 익히기

(1) [장소]に[사물·식물]があります／ありません。

 ① 家の外にベンチがあります。
 ② 机の上にカレンダーがあります。
 ③ グラウンドには桜の木がありません。

(2) [장소]に[사람·동물]がいます／いません。

 ① 教室に学生が二人います。
 ② 庭には犬がいます。
 ③ 本屋に店員がいません。

(3) 何がありますか。／何かありますか。

 ① A:ベッドの上に何がありますか。
 B:ベッドの上にはまくらと布団があります。
 ② A:テーブルの上に何かありますか。
 B:はい、コップが一つあります。
 ③ A:椅子の下に何かありますか。
 B:いいえ、椅子の下には何もありません。

(4) 誰がいますか。／誰かいますか。

　　① A:教室の中に誰がいますか。

　　　　B:教室には先生がいます。

　　② A:部屋の中に誰かいますか。

　　　　B:はい、妹がいます。

　　③ A:トイレの中に誰かいますか。

　　　　B:いいえ、トイレの中には誰もいません。

〈〈語彙〉〉

椅子(いす) 의자	公園(こうえん) 공원	木(き) 나무
動物園(どうぶつえん) 동물원	パンダ 팬더	お店(みせ) 가게
お客(きゃく)さん 손님	庭(にわ) 정원, 뜰	花(はな) 꽃
教室(きょうしつ) 교실	ベンチ 벤치	外(そと) 밖, 바깥
カレンダー 캘린더, 달력	グラウンド 운동장	桜(さくら) 벚꽃
犬(いぬ) 개	本屋(ほんや) 서점	店員(てんいん) 점원
枕(まくら) 베개	布団(ふとん) 이불	トイレ 화장실

Level up

◆ 조수사 2

① ～ 人(にん): 사람 세는 단위; ～ 명

一人	二人	三人	四人	五人	六人
ひとり	ふたり	さんにん	よにん	ごにん	ろくにん
七人	八人	九人	十人	十一人	何人(몇 명)
しちにん / ななにん	はちにん	きゅうにん	じゅうにん	じゅう いちにん	なんにん

② ～ 匹(ひき): 동물 세는 단위; ～ 마리

一匹	二匹	三匹	四匹	五匹	六匹
いっぴき	にひき	さんびき	よんひき	ごひき	ろっぴき
七匹	八匹	九匹	十匹	十一匹	何匹
ななひき	はっぴき	きゅうひき	じゅっぴき	じゅういっぴき	なんびき

③ ～ 階(かい): 층수 세는 단위; ～ 층

一階	二階	三階	四階	五階	六階
いっかい	にかい	さんがい	よんかい	ごかい	ろっかい
七階	八階	九階	十階	十一階	何階
ななかい	はっかい	きゅうかい	じゅっかい	じゅういっかい	なんがい

> **TIP**
>
> 일본어로 전화번호를 읽는 경우는 각 숫자를 한 자리수로 읽고 번호 사이의 "-"
> 는 "の"로 읽어준다.
> 02-1234-5678 : ゼロ(れい)に の いちにさんよん の ごろくしちはち

◆ 연습문제

    1. 다음 전화번호와 수(조수사 포함)를 히라가나로 읽으시오.

       ① 13階　　　　　(　　　　　　　　　　　　)
       ② 20匹　　　　　(　　　　　　　　　　　　)
       ③ 十四人　　　　(　　　　　　　　　　　　)
       ④ 30階　　　　　(　　　　　　　　　　　　)
       ⑤ 48匹　　　　　(　　　　　　　　　　　　)
       ⑥ 二人　　　　　(　　　　　　　　　　　　)
       ⑦ 010-4637-0198 (　　　　　　　　　　　　)
       ⑧ 02-1984-3567　(　　　　　　　　　　　　)

    2. 주어진 단어를 이용하여 일본어 문장을 완성하시오.

       <보기> [机の上, ボールペン] 。
             → 机の上にボールペンがあります。

       ① [教室の外, 椅子]
         → _____

       ② [隣の部屋, 弟]
         → _____

       ③ [テーブルの上, りんご]
         → _____

④ [リビング, 犬]

　　→＿＿＿＿＿＿＿＿＿＿＿＿＿＿＿＿＿＿＿＿＿

3. 다음 보기와 같이 괄호 안의 단어를 이용하여 질문에 대한 답
　을 완성하시오.

　<보기> A: 教室の中には誰がいますか。
　　　　 B: 教室の中には学生が五人います。(学生、五人)
　　　　 A: 教室の外には誰かいますか。
　　　　 B: はい、います。先生が一人います。(先生、一人)

① A: お店には誰がいますか。
　 B: ＿＿＿＿＿＿＿＿＿＿＿＿＿＿＿(お客さん, 二人)

② A: 教室の中には誰かいますか。
　 B: ＿＿＿＿＿＿＿＿＿＿＿＿＿＿＿(学生,四人)

③ A: 本棚には何がありますか。
　 B: ＿＿＿＿＿＿＿＿＿＿＿＿＿＿＿(本,10冊)

④ A:机の上には何かありますか。
　 B: ＿＿＿＿＿＿＿＿＿＿＿＿＿＿＿(ハガキ, 3枚)

4. 다음을 일본어로 작문하시오.

① 동물원에는 고양이가 없습니다.

  → _____

② 책상 위에 컴퓨터나 공책 등이 있습니다.

  → _____

③ 옆방에 누군가 있습니까?

  → _____

④ 정원에 나무와 꽃이 있습니다.

  → _____

<<보충 어휘>>

かぞく(家族)	가족
祖父(そふ) / おじいさん	할아버지
祖母(そぼ) / おばあさん	할머니
父(ちち) / おとうさん	아버지
母(はは) / おかあさん	어머니
兄(あに) / おにいさん	형
姉(あね) / おねえさん	누나
妹(いもうと)	여동생
妹(いもうと)さん	(남의)여동생
弟(おとうと)	남동생
弟(おとうと)さん	(남의)남동생
息子(むすこ)	아들
息子(むすこ) さん	(남의)아들
娘(むすめ)	딸
娘(むすめ) さん	(남의)딸
夫(おっと) / 主人(しゅじん)	남편
ご主人(ごしゅじん)	(남의)남편
妻(つま) / 家内(かない)	아내
(奥(おく)さん	(남의)부인
両親(りょうしん)	부모님
ご両親(りょうしん)	(남의)부모님
いとこ	사촌
叔母(おば) / おばさん	아주머니, 이모, 고모
叔父(おじ) / おじさん	아저씨, 삼촌

Unit 5

バイトは何時からですか

井上：　キムさん、今度の中間テストはいつですか。

キム：　来週の月曜日から金曜日までです。

井上：　日本語のテストは何曜日ですか。

キム：　日本語のテストは火曜日にあります。

井上：　何時から何時までですか。

キム：　午前10時から10時50分までです。

井上：　場所はどこですか。

キム：　講義室の408号です。

井上：　ありがとうございます。
　　　　僕はこれから試験の勉強です。

パク：　山田さん、これからバイトですか。

山田：　はい、平日の午後5時半から9時半まではバイトです。

パク：　それは大変ですね。
　　　　週末は休みですか。

山田：　いいえ、週末は英会話の勉強会があります。

パク：　そうですか。
　　　　山田さんは勉強熱心ですね。

山田：　いや、それほどでもありません。

パク：　勉強会は何時から何時までですか。

山田： 土曜日の午前10時半から一時までです。

〈〈語彙〉〉

今度(こんど) 이번, 다음 번	中間(ちゅうかん)テスト 중간고사	いつ 언제
来週(らいしゅう) 다음 주	月曜日(げつようび) 월요일	金曜日(きんようび) 금요일
何曜日(なんようび) 무슨 요일	午前(ごぜん) 오전	何時(なんじ) 몇 시
~ 中(ちゅう) ~중	火曜日(かようび) 화요일	~から~まで ~부터~까지
場所(ばしょ) 장소	講義室(こうぎしつ) 강의실	~号(ごう) ~호
今(いま) 지금	僕(ぼく) 나(1인칭 남성)	試験(しけん) 시험
勉強(べんきょう) 공부	大変(たいへん)だ 큰일이다, 힘들다	バイト 아르바이트
平日(へいじつ) 평일	半(はん) 반, 30분	午後(ごご) 오후
週末(しゅうまつ) 주말	休(やす)み 휴일, 휴식	熱心(ねっしん) 열심
英会話(えいかいわ) 영어회화	勉強会(べんきょうかい) 스터디	土曜日(どようび) 토요일
それほどでもありません 그 정도는 아닙니다(겸손)		

1. 문법 이해하기

(1) 조사 ~から와 ~まで

"~から"는 어떠한 시간이나 장소, 기간의 "출발점"을 나타내는 조사이며 "~まで"는 역시 시간, 장소, 기간의 "도착점"을 나타내는 조사이다. 각각 한국어의 "~부터"와 "~까지"에 해당한다.

> A[시간/ 장소/ 기간] から B[시간/ 장소/ 기간]まで   ~부터 ~까지

① バイトは午後6時から9時までです。
② 今度の旅行はソウルからプサンまでです。
③ 月曜日から火曜日まで運動会があります。

(2) 시간 읽기

1) ~시(時, じ)

0時	1時	2時	3時	4時
れいじ	いちじ	にじ	さんじ	よじ
5時	6時	7時	8時	9時
ごじ	ろくじ	しちじ	はちじ	くじ
10時	11時	12時	何時	
じゅうじ	じゅういちじ	じゅうにじ	なんじ	

2) ～분(分, ふん)

1分	2分	3分	4分	5分
いっぷん	にふん	さんぷん	よんぷん	ごふん
6分	7分	8分	9分	10分
ろっぷん	ななふん	はちふん / はっぷん	きゅうふん	じゅっぷん/じっぷん
11分	12分	20分	30分	何分
じゅういっぷん	じゅうにふん	にじゅっぷん /にじっぷん	さんじゅっぷん /さんじっぷん	なんぷん

3) 요일 읽기

月曜日	火曜日	水曜日	木曜日
げつようび	・ かようび	すいようび	もくようび
金曜日	土曜日	日曜日	何曜日
きんようび	どようび	にちようび	なんようび

4) 日(ひ)・週(しゅう)・月(がつ)・年(ねん) : 일・주・달・년

	엊그제	어제	오늘	내일	모레
日	一昨日	昨日	今日	明日	明後日
	おととい	きのう	きょう	あした	あさって
	지지난 주	지난 주	이번 주	다음 주	다다음 주
週	先々週	先週	今週	来週	再来週
	せんしゅう	せんせんしゅう	こんしゅう	らいしゅう	さらいしゅう
	지지난 달	지난 달	이번 달	다음 달	다다음 달
月	先々月	先月	今月	来月	再来月
	せんせんげつ	せんげつ	こんげつ	らいげつ	さらいげつ
	재작년	작년	금년/올해	내년	내후년
年	一昨年	昨年/去年	今年	来年	再来年
	おととし	さくねん/きょねん	ことし	らいねん	さらいねん

2. 문형 익히기

(1) 午前／午後 ～ 時 ～ 分です。

① A: 今何時ですか。
B: 午後4時20分です。
② A: 食事の時間は何時ですか。
B: 午後12時30分です。
③ A: チェックアウトは何時ですか。
B: チェックアウトは午前11時です。

(2) ～ は[시간·장소·기간]からです。

① A: 期末テストはいつからですか。
B: 期末テストは来週の金曜日からです。
② A: 授業は何時からですか。
B: 授業は午前９時10分からです。
③ A: 夏休みはいつからですか。
B: 夏休みは来月からです。

(3) ～ は[시간·장소·기간]までです。

① A: 出張はいつまでですか。
B: 出張は今週の水曜日までです。

② A: バイトは何時までですか。

    B: バイトは夜10時半までです。

③ A: レポートはいつまでですか。

    B: レポートは来週の金曜日までです。

《《語彙》》

旅行(りょこう) 여행	ソウル 서울	プサン 부산
運動会(うんどうかい) 운동회	~時(じ) ~시	~分(ふん) ~분
午前(ごぜん) 오전	午後(ごご) 오후	食事(しょくじ) 식사
時間(じかん) 시간	チェックアウト 체크아웃	期末(きまつ)テスト 기말시험
授業(じゅぎょう) 수업	夏休(なつやす)み 여름방학	出張(しゅっちょう) 출장
レポート 레포트	図書館(としょかん) 도서관	昼休(ひるやす)み 점심시간

Level up

◆ 조수사 3

① ～ ケ月(かげつ): ～ 개월

一ヶ月	二ヶ月	三ヶ月	四ヶ月
いっかげつ	にかげつ	さんかげつ	よんかげつ
五ヶ月	六ヶ月	七ヶ月	八ヶ月
ごかげつ	ろっかげつ	ななかげつ	はちかげつ/はっかげつ
九ヶ月	十ヶ月	十一ヶ月	何カ月
きゅうかげつ	じゅっかげつ	じゅういっかげつ	なんかげつ

② ～ 週(しゅう): ～ 주

一週	二週	三週	四週
いっしゅう	にしゅう	さんしゅう	よんしゅう
五週	六週	七週	八週
ごしゅう	ろくしゅう	ななしゅう	はっしゅう
九週	十週	十一週	何週
きゅうしゅう	じゅっしゅう	じゅういっしゅう	なんしゅう

③ ～ 足(そく): 신발 세는 단위; ～ 켤레

一足	二足	三足	四足
いっそく	にそく	さんぞく	よんそく
五足	六足	七足	八足
ごそく	ろくそく	ななそく	はっそく
九足	十足	十一足	何足
きゅうそく	じゅっそく	じゅういっそく	なんぞく

◆ 연습문제

1. 다음 시간과 수(조수사 포함)를 히라가나로 읽으시오.

① 9時13分　(　　　　　　　　　　)
② 1時半　　(　　　　　　　　　　)
③ 7時16分　(　　　　　　　　　　)
④ 4時34分　(　　　　　　　　　　)
⑤ 1ヶ月　　(　　　　　　　　　　)
⑥ 10時10分 (　　　　　　　　　　)
⑦ 3足　　　(　　　　　　　　　　)
⑧ 18足　　 (　　　　　　　　　　)

2. 주어진 단어를 이용하여 일본어 문장을 완성하시오.

<보기> [バイト, 金曜日, 日曜日]。
　　　　→ バイトは金曜日から日曜日までです。

① [授業, 4時40分, 7時30分]

　→ _____

② [テスト, 今日, 明後日]

　→ _____

③ [会社の休み, 今週, 来週]

　→ _____

④ [図書館, 午前8時, 午後10時]

→ _____

3. 다음 보기와 같이 괄호 안의 단어를 이용하여 질문에 대한 답을 완성하시오.

<보기> A: 出張はいつですか。

B: 出張は水曜日から金曜日までです。(火曜日, 金曜日)

A: テストは何時から何時までですか。

B: テストは午前10時から11時までです。(10時, 11時)

① A: 授業は何時から何時までですか。

B: _____

_____(3時, 4時50分)

② A: 運動会はいつですか。

B: _____

_____(月曜日, 水曜日)

③ A: 昼休みは何時から何時までですか。

B: _____

_____(12時10分,1時20分)

④ A: 旅行はいつですか。

B: _____

_____(今週, 再来週)

4. 다음을 일본어로 작문하시오.

① 시험은 몇 시부터 몇 시까지입니까?

→ _____

② 다음 주 도서관에서 영어 스터디가 있습니다.

→ _____

③ 영어시험은 4시 15분부터 8시 30분까지 있습니다.

→ _____

④ 저는 오전 10시 10분부터 오후 3시 20분까지 학교에
있습니다.

→ _____

〈〈보충 어휘〉〉

身体(しんたい)	신체
頭(あたま)	머리
目(め)	눈
鼻(はな)	코
口(くち)	입
耳(みみ)	귀
顔(かお)	얼굴
髪の毛(かみのけ)	머리카락
唇(くちびる)	입술
眉(まゆ)	눈썹
膝(ひざ)	무릎
爪(つめ)	손톱
肩(かた)	어깨
腕(うで)	팔
首(くび)	목
顎(あご)	턱
手(て)	손
指(ゆび)	손가락
掌(てのひら)	손바닥
足(あし)	다리/발
お尻(しり)	엉덩이
お腹(なか)	배
へそ	배꼽
背中(せなか)	등

Unit 6

誕生日はいつですか

キム：　田中さんの誕生日はいつですか。

田中：　私の誕生日は12月25日です。

キム：　クリスマスと同じ日ですね。

田中：　ええ、そうです。キムさんの誕生日はいつですか。

キム：　私の誕生日は7月7日です。

田中：　来週ですからもうすぐですね。

キム：　ええ、そうです。

田中：　少し早いけど、おめでとうございます。

キム：　ありがとうございます。

田中：　キムさん、授業のレポートはいつまでですか。

キム：　来週の金曜日までです。

田中：　そうですか。

　　　　今日は金曜日ですから、あと一週間ですね。

キム：　ええ、そうですね。

　　　　ところで、文学の授業のレポートはいつまででしたか。

田中：　それは先週の金曜日まででした。

　　　　私はまだですけど。

キム：　実は私もまだです。

　　　　今学期は授業で発表が五つもあります。

田中：　それは大変ですね。

〈〈語彙〉〉

誕生日(たんじょうび) 생일	クリスマス 크리스마스	同(おな)じ 같은
日(ひ) 날	もうすぐ 이제 곧, 바로	~ね (서술어 뒤에 붙어) ~지요
少(すこ)し 조금, 약간	早(はや)い 빠르다,이르다	~けど ~지만, ~이나(역접)
おめでとうございます 축하드립니다		後(あと) 앞으로, 뒤
文学(ぶんがく) 문학	~ から 이므로, 이니까(이유)	一週間(いっしゅうかん) 1주일간
まだ 아직	発表(はっぴょう) 발표	今学期(こんがっき) 이번 학기
~も ~만큼이나(강조), ~도		

1. 문법 이해하기

(1) 날짜읽기

1) ～ 월 : 月(がつ)

1月	2月	3月	4月
いちがつ	にがつ	さんがつ	しがつ
5月	6月	7月	8月
ごがつ	ろくがつ	しちがつ	はちがつ
9月	10月	11月	12月
くがつ	じゅうがつ	じゅういちがつ	じゅうにがつ
何月(몇 월)			
なんがつ			

2) 〜일 : 〜日(にち)

1日	2日	3日	4日	5日
ついたち	ふつか	みっか	よっか	いつか
6日	7日	8日	9日	10日
むいか	なのか	ようか	ここのか	とおか
11일	12일	13일	14일	15일
じゅう いちにち	じゅう ににち	じゅう さんにち	じゅうよっか	じゅう ごにち
16일	17일	18일	19일	20일
じゅう ろくにち	じゅう しちにち	じゅう はちにち	じゅうくにち	はつか
21일	22일	23일	24일	25일
にじゅう いちにち	にじゅう ににち	にじゅう さんにち	にじゅう よっか	にじゅう ごにち
26일	27일	28일	29일	30일
にじゅう ろくにち	にじゅう しちにち	にじゅう はちにち	にじゅう くにち	さんじゅう にち
31일				
さんじゅう いちにち				

(2) 서술어의 과거형

명사술어문의 서술형어미 "〜です"의 과거형은 "〜でした"이고 한국어의 "〜이었습니다"에 대응된다.

A[명사] は B[명사] でした。	A은/는 B 이었습니다.

① テストは先週でした。
② 会議は昨日の９時からでした。

(3) 서술어의 부정과거형

"~です"의 부정형인 "~ ではありません"의 과거형은 "~ではあり
ませんでした"로 이는 부정형에 과거형이 합쳐진 부정과거형이다.
한국어의 "~이 아니었습니다"에 해당한다.

A[명사] は B[명사] では(じゃ)ありませんでした。	A은/는 B 가 아니었습니다.

① あそこは昔には薬屋では(じゃ)ありませんでした。
② 彼は一年前にはこの学校の学生ではありませんでした。

(4) 양자부정 : A도 B도 아닙니다.

A[명사] でも B[명사] でもありません。

① 彼は日本人でも中国人でもありません。韓国人です。
② このめがねは妹のでも弟のでもありません。私のです。

2. 문형 익히기

(1) ~ **は** ~ **でした。**

① この建物は昔銀行でした。
② 去年まで彼は会社の社長でした。
③ 彼は昔歌手でした。

(2) ~ **は** ~ **ではありませんでした。**

① ゼミは火曜日ではありませんでした。
② 先週の日曜日は休みではありませんでした。
③ 昨日は晴れではありませんでした。

(3) **~でも~でもありません。**

① これは雑誌でも新聞でもありません。
② 明日の天気は雨でも雪でもありません。
③ これはボールペンでもシャーペンでもありません。

<<語彙>>

会議(かいぎ) 회의	昔(むかし) 옛날	薬屋(くすりや) 약국
前(まえ) ~ 앞(장소),~ 전(시간)	めがね 안경	歌手(かしゅ) 가수
建物(たてもの) 건물	銀行(ぎんこう) 은행	社長(しゃちょう) 사장
ゼミ 세미나	晴(は)れ 맑음	雑誌(ざっし) 잡지
新聞(しんぶん) 신문	天気(てんき) 날씨	雨(あめ) 비
雪(ゆき) 눈	シャーペン (シャープペンシル)의 준말, 샤프펜	
出発(しゅっぱつ) 출발	デパート 백화점	夢(ゆめ) 꿈
展示会(てんじかい) 전시회		

Level up

◆ 조수사 4

① ～ 個(こ): ～개, 사물의 개수를 세는 단위

一個	二個	三個	四個
いっこ	にこ	さんこ	よんこ
五個	六個	七個	八個
ごこ	ろっこ	ななこ	はっこ
九個	十個	十一個	何個
きゅうこ	じゅっこ	じゅういっこ	なんこ

② ～ 歳(さい): ～세, 나이 세는 단위

一歳	二歳	三歳	四歳
いっさい	にさい	さんさい	よんさい
五歳	六歳	七歳	八歳
ごさい	ろくさい	ななさい	はっさい
九歳	十歳	十一歳	何歳
きゅうさい	じゅっさい	じゅういっさい	なんさい

③ ～ 杯(はい): ～잔

一杯	二杯	三杯	四杯
いっぱい	にはい	さんばい	よんはい
五杯	六杯	七杯	八杯
ごはい	ろっぱい	ななはい	はっぱい
九杯	十杯	十一杯	何杯
きゅうはい	じゅっぱい	じゅういっぱい	なんばい

◆ 연습문제

1. 다음 날짜와 수(조수사 포함)를 히라가나로 읽으시오.

　　① 4月3日　（　　　　　　　　　　　　　）

　　② 9月14日　（　　　　　　　　　　　　　）

　　③ 10歳　　（　　　　　　　　　　　　　）

　　④ 10月20日 （　　　　　　　　　　　　　）

　　⑤ 21杯　　（　　　　　　　　　　　　　）

　　⑥ 11個　　（　　　　　　　　　　　　　）

　　⑦ 28歳　　（　　　　　　　　　　　　　）

　　⑧ 30杯　　（　　　　　　　　　　　　　）

2. 주어진 단어를 이용하여 일본어 문장을 완성하시오.

　　<보기> [テスト, 3月21日, 月曜日]。

　　　　　　→ テストは3月21日で,月曜日でした。

　　① [授業, 6月4日, 火曜日]

　　　→ _____

　　② [会議, 1月9日, 水曜日]

　　　→ _____

　　③ [ゼミ, 12月2日, 木曜日]

　　　→ _____

④ [発表会, 8月10日, 金曜日]

   → _____

3. 다음 보기와 같이 괄호 안의 단어를 이용하여 질문에 대한 답을
완성하시오.

   <보기>　A: 出張はいつでしたか。

         B: 出張は先週の金曜日でした。(先週の金曜日)

           木曜日ではありませんでした。(水曜日)

① A: 昨日の授業は何時まででしたか。

   B: _____(4時)

     _____(4時30分)

② A: 先週、レポートはいつまででしたか。

   B: _____(金曜日)

     _____(水曜日)

③ A: 先週、展示会は何日でしたか。

   B: _____(29日)

     _____(19日)

④ A: 先月、バイトは何曜日でしたか。

   B: _____(土曜日)

     _____(水曜日)

4. 다음을 일본어로 작문하시오.

① 출발은 다음 주 토요일입니다.

→ _____

② 언니 생일은 4월 8일로 다음 달입니다.

→ _____

③ 어제는 화요일로 백화점은 쉬는 날이 아니었습니다.

→ _____

④ 작년까지 나의 꿈은 일본어 선생님이었습니다.

→ _____

〈〈보충 어휘〉〉

国(くに)	나라
韓国(かんこく)	한국
日本(にほん)	일본
アメリカ・米国(べいこく)	미국
イギリス	영국
中国(ちゅうごく)	중국
フランス	프랑스
スイス	스위스
イタリア	이탈리아
ドイツ	독일
オーストラリア	호주
ロシア	러시아
アフリカ	아프리카
タイ	태국
ベトナム	베트남
オランダ	네덜란드
スペイン	스페인
トルコ	터키
ギリシャ	그리스
フィリピン	필리핀
オーストリア	오스트리아
ブラジル	브라질
カナダ	캐나다

Unit 7

家でゴロゴロします

山田： パクさん、来週から夏休みですね。
　　　夏休みの間どこか行きますか。
パク： 実は一ヶ月間実家に帰ろうと思います。
　　　山田さんは何か予定でもありますか。
山田： そうですね。
　　　私は一週間イギリスに行こうと思います。
パク： そうですか。すごいですね。
山田： イギリスには二歳年上の姉がいます。
　　　そこで姉に会う予定です。
　　　パクさんは実家で何をしますか。
パク： 特に何もしません。
　　　マンガでも読みながら家でごろごろします。
山田： それもいいですね。
パク： 出発はいつですか。
山田： 来週の土曜日です。
　　　イギリスは初めてなのでとても楽しみです。
パク： それは楽しみですね。

《語彙》

夏休(なつやす)み 여름방학	間(あいだ) ~사이, ~동안	行(い)く 가다
実(じつ)は 실은	一ケ月(いっかげつ) 1개월	実家(じっか) 고향집
帰(かえ)る 돌아가다	思(おも)う 생각하다	予定(よてい) 예정
~でも ~라도	~歳(さい) ~세	姉(あね) 언니, 누나
特(とく)に 특히	出発(しゅっぱつ) 출발	初(はじ)めて 처음으로
楽(たの)しみ 기대	書(か)く 쓰다	食(た)べる 먹다
する 하다	来(く)る 오다	入(はい)る 들어가다
切(き)る 자르다	知(し)る 알다	走(はし)る 달리다
一生懸命(いっしょうけんめい) 열심히	勉強(べんきょう) 공부	読(よ)む 읽다
皿(さら) 접시	洗(あら)う 씻다	音楽(おんがく) 음악
ごろごろ 빈둥대는 모양		

1. 문법 이해하기

(1) 일본어 동사의 종류

일본어 동사는 크게 세 종류로 나누어진다. 이들 세 종류의 동사는 각각 종류별로 활용의 규칙이 다르다. 따라서 동사의 활용규칙을 학습하기에 앞서 반드시 동사를 세 종류로 나눌 수 있어야 한다. 각종류별 동사의 형태적 특징은 다음과 같다.

종류	형태		예
5단동사	1단 동사 이외 전부	끝이 [る]이외로 끝나는 동사	かく(쓰다) あそぶ(놀다) よむ(읽다)
		끝이 [る]로 끝나되, [る]앞이 [あ(a)][う(u)][お(o)]단인 동사	さ(sa)る(떠나다) う(u)る(팔다) と(to)る(잡다)
1단동사	[る]로 끝나는 동사	[る]앞이 [い(i)]단인 동사	みる(보다) おきる(일어나다)
1단동사	[る]로 끝나는 동사	[る]앞이 [え(e)]단인 동사	ねる(자다) たべる(먹다)
불규칙동사		くる	くる(오다)
		する	する(하다)

예외동사 :
형태는 1단동사의 형태이나 활용할 때는 5단동사의 규칙으로 활용한다.

かえる(帰る), はいる(入る), きる(切る), はしる(走る), しる(知る)···

(2) 동사의 활용

위에서 나눈 세 종류의 일본어 동사는 각 용법에 맞게 활용을 한
다. 활용은 동사의 기본형의 어근(변하지 않는 부분)은 그대로 두고
어미(활용에 따라 변하는 부분)를 각각의 규칙에 따라 변화시키는
작업이다. 구체적인 활용형을 배우기 앞서 각 활용형을 먼저 소개하
면 대략 다음과 같다.

정중형	과거형	부정형	종지형	조건형	권유 · 의지형
~ます	~た	~ない	기본형	~ば/れば	~う/よう
~ㅂ니다	~(었/았)다	~지 않다	~다	~ㄴ다면	~하자 · ~(해)야지

앞에서 나누어 본 동사의 세 가지 종류는 각각 다양한 형태로 활
용을 한다. 일본어 동사의 활용형은 크게 [정중형(~ます)] [기본형]
[부정형(~ない)] [조건형(~ば ·れば)] [의지 · 권유형(~う · よう)]
[과거형(~た) · て형(~て)] 등으로 나누어진다. 아래에서는 음편현상
이 나타나는 [과거형(~た) · て형(~て)]을 제외한 활용형의 구체적인
형태와 규칙에 대해 각 동사의 종류별로 익혀보기로 한다.

1) 5단동사

	활용형		규칙	활용 형태
かく (書く) kak-u	부정형(~ない)	-a	u단을 a단으로 바꾸고 [ない]를 붙인다.	かかない kak-a-nai
	연용형(~ます)	-i	u단을 i단으로 바꾸고 [ます]를 붙인다.	かきます kak-i-masu
	기본형	-u	기본형	かく kak-u
	조건형(~ば)	-e	u단을 e단으로 바꾸고 [ば]를 붙인다.	かけば kak-e-ba
	의지·권유형 (~う)	-o	u단을 o단으로 바꾸고 [う]를 붙인다.	かこう kak-o-u

2) 1단동사

	활용형	규칙	활용 형태
たべる (食べる) tabe-ru	부정형(~ない)	ru를 삭제하고 [ない]를 붙인다.	たべない tabe-φ-nai
	연용형(~ます)	ru를 삭제하고 [ます]를 붙인다.	たべます tabe-φ-ます
	기본형	기본형	たべる tabe-ru
	조건형(~ば)	ru를 삭제하고 [れば]를 붙인다.	たべれば tabe-re-ba
	의지·권유형 (~う·~よう)	ru를 삭제하고 [よう]를 붙인다.	たべよう tabe-φ-you

3) 불규칙동사

활용형	くる(来る)	する
부정형(~ない)	こない	しない
연용형(~ます)	きます	します
기본형	くる	する
조건형(~ば)	くれば	すれば
의지·권유형 (~う·~よう)	こよう	しよう

동사의 정중형인 ます형은 또한 다음과 같이 활용한다.

정중형	정중부정형	정중과거형	정중부정 과거형	정중권유형
~ます	~ません	~ました	~ませんでした	~ましょう
~ㅂ니다	~지 않습니다	~(었/았)습니다	~지 않았습니다	~합시다

(3) [동사의 의지형] とおもう。: ~ 할 생각이다. ~ 하려고 한다. (의지 표현)

① 本を[よむ → よもう]と思う。

책을 [읽다 → 읽으려]고 생각하다.

② 一生懸命勉強を[する → しよう]と思う。

공부를 열심히 [하다 → 하려]고 생각하다.

(4) [동사의 ます형]ながら [동사]。: A 하면서 B 하다. (동시동작)

① 皿を洗いながら音楽を聞く。

②お茶を飲みながら友達と話す。

2. 문형 익히기

(1) ～ます

① プールで泳ぎます。
② 映画館で映画を見ます。
③ 塾で数学の勉強をします。

(2) ～ない

① ジーンズを買わない。
② ドアを開けない。
③ 学校へ来ない。

(3) [～う・～よう]と思う

① 新しいコートを買おうと思う。
② 早く寝ようと思う。
③ 来年また来ようと思う。

(4) ～ながら

① タバコを吸いながら道を歩く。
② 歌を歌いながらジョギングをする。

③ スマホを見ながら食事をする。

Level up

◆ 조수사 5

~ 着(ちゃく): ~(옷)벌

一着	二着	三着	四着
いっちゃく	にちゃく	さんちゃく	よんちゃく
五着	六着	七着	八着
ごちゃく	ろくちゃく	ななちゃく	はっちゃく
九着	十着	十一着	何着
きゅうちゃく	じゅっちゃく	じゅういっちゃく	なんちゃく

◆ 擬声語(ぎせいご) · 擬態語(ぎたいご) : 의성어 · 의태어

- いらいら : 초조하고 불안해서 안절부절 못 하는 모양
- ごろごろ : 하는 일 없이 빈둥대는 모양
- わくわく : 기대 등으로 가슴이 두근대는 모양
- どきどき : 두근두근
- はらはら : 위태로워 마음 졸이는 모양; 조마조마
- きらきら : 빛나는 모양; 반짝반짝
- べたべた · べとべと : 물건이 들러붙는 모양; 끈끈, 끈적끈적
- ぶらぶら : 하는 일 없이 어슬렁대는 모양
- ぐるぐる : 빙글빙글 도는 모양
- ぶつぶつ : (불평, 불만을) 중얼거리는 모양

- すらすら : 일이 막힘없이 진행되는 모양; 술술, 척척
- ぺこぺこ : 배가 몹시 고픈 모양
- ぺらぺら : 외국어 등이 몹시 유창한 모양
- ぴりぴり : 몹시 예민한 모양
- うろうろ : 우왕좌왕 왔다갔다 하는 모양
- くすくす : 웃음을 참는 모양; 키득키득
- じろじろ : 뚫어지게 쳐다보는 모양
- ぴよぴよ : 병아리 우는 소리; 삐약삐약
- けろけろ : 개구리 우는 소리; 개굴개굴
- かーかー : 까마귀 우는 소리; 까악까악

◆ 연습문제

1. 주어진 단어를 이용하여 일본어 문장을 완성하시오.

<보기> [テレビ, 見る]

→ テレビでも見ようと思う。

① [買い物, する]

→ _____

② [コーヒー, 飲む]

→ _____

③ [音楽, 聞く]

→ _____

④ [新しい服, 買う]

→ _____

2. 다음 보기와 같이 일본어 문장을 만들어 보시오.

<보기> 料理をする音楽を聞く

→ 料理をしながら音楽を聞きます。

① 電話で話す, 散歩する

→ _____

② 宿題をする, 歌を歌う

→ _____

③ お菓子を食べる, 本を読む

→ _____

④ テレビを見る, ご飯を食べる

→ _____

3. 다음을 일본어로 작문하시오.

① 일주일간 무엇을 하려고 생각합니까?

→ _____

② 영국에서 친구를 만났습니다.

→ _____

③ 여름방학은 처음입니다.

→ _____

④ 토요일에 어딘가 갑니까?

→ _____

《보충 어휘》

	書(か)く	쓰다
	読(よ)む	읽다
	飲(の)む	마시다
	立(た)つ	서다
	遊(あそ)ぶ	놀다
5단동사	行(い)く	가다
	降(ふ)る	내리다
	話(はな)す	말하다
	泳(およ)ぐ	헤엄치다
	待(ま)つ	기다리다
	帰(かえ)る	돌아가다
	会(あ)う	만나다
5단동사	買(か)う	사다
	死(し)ぬ	죽다
	食(が)べる	먹다
1단동사	寝(ね)る	자다
	起(お)きる	일어나다
	見(み)る	보다
불규칙동사	する	하다
	来(く)る	오다

Unit 2

1. ① 私は大学生です。

   私は大学生では(じゃ)ありません。

   ② 私は高校生です。

   私は高校生では(じゃ)ありません。

   ③ 父と母は医者です。

   父と母は医者では(じゃ)ありません。

   ④ 彼は英語の先生です。

   彼は英語の先生では(じゃ)ありません。

2. ① そうです。日本人です。

   日本人ではありません。韓国人です。

   ② そうです。中国語です。

   中国語ではありません。英語です。

   ③ そうです。友達です。

   友達ではありません。弟です。

   ④ そうです。サッカーです。

   サッカーではありません。ゴルフです。

3. ① 私は○○大学一年の○○○と申します。

   ② あなたは日本語の先生ですか。

   ③ 彼は大学の後輩です。

   ④ あなたは英語の先生のパクさんですか。

Unit 3

1. ① じゅうきゅう

   ② さんびゃくにじゅう

   ③ はっせんろっぴゃくじゅう

   ④ せんはっさつ

   ⑤ じゅうはっぽん

   ⑥ ろっぴゃくごじゅっぽん

2. ① これは帽子で、妹のです。

   ② それはパソコンで、兄のです。

   ③ あれは机で、姉のです。

   ④ これはノートで私のです。

3. ① このチケットは1枚三千円です。

   ② あのバラの花は1本300円です。

   ③ そのえいごの本は1冊300円です。

   ④ そのりんごは一つ6,000ウォンです。

4. ① この本は1冊800円です。

   ② 日本語の先生はどなたですか。

   ③ この鉛筆は誰のですか。

④ このノートは私ので、あのノートは兄のです。

Unit 4

1. ① じゅうさんがい
   ② にじゅっぴき
   ③ じゅうよにん
   ④ さんじゅっかい
   ⑤ よんじゅうはっぴき
   ⑥ ふたり
   ⑦ ぜろいちぜろのよんろくさんなののぜろいちきゅうはち /
     れいいちれいのよんろくさんなののれいいちきゅうはち
   ⑧ ぜろにのいちきゅうはちよんのさんごろくなな /
     れいにのいちきゅうはちよんのさんごろくなな

2. ① 教室の外に椅子があります。
   ② 隣の部屋に弟がいます。
   ③ テーブルの上にりんごがあります。
   ④ リビングに犬がいます。

3. ① お店にはお客さんが二人います。
   ② はい、います。学生が四人います。
   ③ 本棚には本が１０冊あります。
   ④ はい、あります。ハガキが3枚あります。

4. ① 動物園にはねこがいません。
   ② 机の上にパソコンやノートなどがあります。

③ 隣の部屋に誰かいますか。

④ 庭に木と花があります。

Unit 5

1. ① くじじゅうさんぷん

   ② いちじはん

   ③ しちじじゅうろっぷん

   ④ よじさんじゅうよんぷん

   ⑤ いっかげつ

   ⑥ じゅうじじゅっぷん / じゅうじじっぷん

   ⑦ さんぞく

   ⑧ じゅうはっそく

2. ① 授業は4時40分から7時30分までです。

   ② テストは今日から明後日までです。

   ③ 会社の休みは今週から来週までです。

   ④ 図書館は午前8時から午後10時までです。

3. ① 授業は3時から4時50分までです。

   ② 運動会は月曜日から水曜日までです。

   ③ 昼休みは12時10分から1時20分までです。

   ④ 旅行は今週から再来週までです。

4. ① テストは何時から何時までですか。

   ② 来週図書館で英語の勉強会があります。

   ③ 英語の試験は4時15分から8時30分まであります。

④ 私は午前10時10分から午後3時20分まで学校にいます。

Unit 6

1. ① しがつみっか
   ② くがつじゅうよっか
   ③ じゅっさい
   ④ じゅうがつはつか
   ⑤ にじゅっぱい
   ⑥ じゅういっこ
   ⑦ にじゅうはっさい
   ⑧ さんじゅっぱい

2. ① 授業は6月4日で、火曜日でした。
   ② 会議は1月9日で、水曜日でした。
   ③ ゼミは12月2日で、木曜日でした。
   ④ 発表会は8月10で、金曜日でした。

3. ① 昨日の授業は4時まででした。
      4時30分まででではありませんでした。
   ② レポートは金曜日まででした。
      水曜日まででではありませんでした。
   ③ 展示会は29日でした。
      19日ではありませんでした。
   ④ バイトは土曜日でした。
      水曜日ではありませんでした。

4. ① 出発は来週の土曜日です。

　② 姉の誕生日は4月8日で、来月です。

　③ 昨日は火曜日で、デパートは休みではありませんでした。

　④ 去年まで私の夢は日本語の先生でした。

Unit 7

1. ① 買い物でもしようと思う。

　② コーヒーでも飲もうと思う。

　③ 音楽でも聞こうと思う。

　④ 新しい服でも買おうと思う。

2. ① 電話で話しながら散歩する。

　② 宿題をしながら歌を歌う。

　③ お菓子を食べながら本を読む。

　④ テレビを見ながらご飯を食べる。

3. ① 一週間何をしようと思いますか。

　② イギリスで友達に会いました。

　③ 夏休みは初めてです。

　④ 土曜日にどこか行きますか。

박용일 ————————————————————————————————————

일본 쓰쿠바대학교 언어학 박사
현 한양대학교 일본학과 부교수

일본 이바라키대학교 한국어 강사 역임
한국외국어대학교, 이화여자대학교 외 강사 역임
한국외국어대학교 Post Doc 역임
한국외국어대학교 일본연구소 책임연구원 역임
한국연구재단 학술연구교수 역임
부산가톨릭대학교 조교수 역임

저서
(2014) BASIC 일본어, 형설출판사
(2009) 복문과 단문에 관한 문법론, 한국학술정보(주)

대표논문
(2017) A Comparative Study on the Relationship of the Syntactic Structures and Semantics of the Japanese and Korean Auxiliary Verb Sentence; Through the "-te-simau" Sentence, "-eo-beorida" Sentence, and "-go-malda" *Sentence. Information 20, 63-70.*

(2005)「「V1-始める」文の構造と意味解釈」『Kansai Linguistic Society(KLS)』25, 関西言語学会, 184-193.

외 48편

BASIC
일본어

초판인쇄 2020년 2월 28일
초판발행 2020년 2월 28일

지은이 박용일
펴낸이 채종준
펴낸곳 한국학술정보㈜
주소 경기도 파주시 회동길 230(문발동)
전화 031) 908-3181(대표)
팩스 031) 908-3189
홈페이지 http://ebook.kstudy.com
전자우편 출판사업부 publish@kstudy.com
등록 제일산-115호(2000. 6. 19)

ISBN 978-89-268-9854-3 93730